들꽃

들 꽃

운찰 **박종태** 시집

새문화출판사

| 작가의 말 |

살아온 날들을 돌아보면
조용히 피어났던 들꽃 한 송이처럼
견디고 이겨낸 날들이 떠오릅니다.

누구 하나 주목해 주지 않아도
자기 자리를 지키며 피어나는 들꽃처럼
그저 묵묵히 살아낸 시간들,
그 속에서 조심스럽게 꺼낸 마음들을
시로 담았습니다.

이 시집이
지친 누군가에게
작은 위로가 될 수 있기를 바랍니다.

박종태 올림

| 목차 |

4 _ 　　작가의 말

/ 제1부 / 인연

12 _ 　　산책길
13 _ 　　함께
14 _ 　　한여름의 태양
16 _ 　　달력
18 _ 　　세월이 간다
19 _ 　　관심
20 _ 　　1월의 시작
22 _ 　　희망
23 _ 　　손짓하는 봄
24 _ 　　인연
26 _ 　　11월의 노래
27 _ 　　만남
28 _ 　　세상사
30 _ 　　복권
31 _ 　　여기서
32 _ 　　행복한 미소
33 _ 　　텃밭

| 목차 |

/ 제2부 / 조약돌

36 _ 다툼
37 _ 하루
38 _ 핸드폰
40 _ 남자들의 수다
42 _ 무인도
43 _ 해무
44 _ 가을 소풍
45 _ 태풍
46 _ 조약돌
47 _ 벚꽃 지는 날
48 _ 초가을
50 _ 세월에 묻고
52 _ 떠나는 임
54 _ 벚꽃
56 _ 마음의 문
58 _ 널 기다린다

/ 제3부 / 미련

62 _ 빈손으로 가는 인생
64 _ 난 가을이 좋다
66 _ 세월에 빼앗긴 젊음
68 _ 내 인생의 드라마 현재 진행형
70 _ 산마루 지는 해야

들꽃 7

| 목차 |

72 _ 산속의 숲길
73 _ 기다림
74 _ 능소화 연가
76 _ 마음 현실에 묻다
77 _ 미련
78 _ 마음의 뜨락
79 _ 보석과 조각배
80 _ 미소를 드립니다
81 _ 삶의 무게와 향기
82 _ 색 바랜 낡은 벤치
84 _ 하늘과 땅
86 _ 행복한 즐거움

/ 제4부 / 별이 뜨면

90 _ 2월의 편지
92 _ 단풍
93 _ 올봄에도 임을 찾아
94 _ 별이 뜨면
95 _ 노을
96 _ 겨울밤 이야기
98 _ 들꽃
100 _ 나라가 아파요
102 _ 봄소식
104 _ 함께 2
106 _ 삶의 길

| 목차 |

107 _ 여기서
108 _ 한여름
109 _ 팔월의 태양
110 _ 나는 행복합니다
112 _ 봄볕에
114 _ 오월의 여왕, 붉은 장미

/ 제5부 / 홍매화

118 _ 홍매화
119 _ 봄의 기운
120 _ 새처럼
122 _ 바람
124 _ 폰 속의 이야기
126 _ 수레바퀴 같은 인생
128 _ 낚싯배와 할아버지
130 _ 봄의 속삭임
132 _ 봄비 내리는 날의 풍경
134 _ 새해에의 소망
136 _ 추억 속에 달빛 그림자
138 _ 가을빛에 물들다
140 _ 나목
142 _ 세월이 약이라오
144 _ 맑은 마음
145 _ 인생은 더하기와 뺄셈

박종태 시집

들 꽃

제1부

인연

산책길 / 함께 / 한여름의 태양 / 달력 / 세월이 간다 / 관심 / 1월의 시작
희망 / 손짓하는 봄 / 인연 / 11월의 노래 / 만남 / 세상사 / 복권
여기서 / 행복한 미소 / 텃밭

산책길

동트는 아침 산등선 위로
솟아오른 해가
방긋 웃는다.

바람이 나뭇가지를 흔드니
너울너울 춤을 추고

덩달아 새들은 노래한다.

오솔길
들꽃 반갑다고
인사하고

인기척에 놀란 다람쥐
줄행랑치다 힐끔 돌아보네.
괜히 미안한 마음.

산비탈에 자리 잡고 누운
넓적 바위
힘들면 쉬었다 가라네.

함께

외로운가요?
괜찮아요,
당신 곁엔
조용히 머무는 내가 있잖아요.
때로는 누구나
바람 부는 밤을 지나야 하니까요.

사는 게 힘드신가요?
세상이 등을 돌린 것만 같나요?
괜찮아요,
그 밤도 곧 지나갈 거예요.
시간은 상처 위에 조용히 덮이는 담요 같으니까요.
나 또한 그런 밤을 건너왔으니까요.

일어나요.
조금만 더,
당신의 손을 내가 꼭 잡고 있으니까요.

한여름의 태양

열대야로
새운 밤

날이 밝으니
가마솥에 불을 지피듯
달아오르기 시작한다.
한낮에 활활 타오르는 태양

초목도
견디기가 힘든 듯 목이 꺾이고
바람 한 줌, 소낙비라도 기다리는 듯

사람들은 비명을 지르며
바다와 계곡을 찾아
푸른 파도 넘실대는 바닷물에 몸을 던지고,
매미 소리 시원한 계곡물에 발을 적신다.

넘실대는 바닷가 모래사장
수박을 자르고
좋은 자리 잡은 무허가 집
소주잔을 기울인다.

내리쬐는 태양도 지지 않으려고
오늘도
열대야를 준비한다.

달력

지워지는 작은 숫자 하나,
오늘도 한 자씩 사라지더니
큰 숫자가 낙엽처럼
조용히 떨어진다.

살아온 날들의 숫자는
풀잎 위 빗방울처럼,
쌓았다 무너뜨리며
돌탑을 쌓듯 이어져 간다.

기쁨의 눈물, 슬픔의 눈물,
수많은 사연은
세월에 묻혀 흐르고,
물결 따라 떠내려간다.

인생, 물레방아처럼 돌고 돌아
찢겨지는 숫자만큼
아픔도, 아쉬움도 쌓여 가지만
억울할 것도 없다.

세월을 비껴갈 사람은 없으니,
어쩌면 세상은
이토록 공평한 것인지도 모른다.

오늘도
무심한 달력의 숫자는
낙엽처럼 조용히
떨어져서 지워진다.

세월이 간다

말 없는 세월이 흘러만 간다.
난 아직도 할 일이 많은데…

세월아, 이대로 날 두고
너만 가면 안 되겠니?

쓸모없는 몸이라 비웃지 마라.
아직도 내 인생은 미완성인데…
웃지 말거라.

돌아본 인생
부끄러워도 지울 수조차 없으니

흘러간 물 다시 올 수 없듯
무심한 세월은 아는 듯 모르는 듯…

옛날, 사랑채 할아버지의
흥얼거리시던 그 노랫소리를
아! 이제서야 알듯도 하구나!

관심

난 이름 없는 들꽃
눈길도 주지 않은 들꽃

볼품도 향기도 없다고
외면해도 좋아

난 나의 생명이 다할 때까지
충실할 뿐이야.

밟고 가지만은 말아줘

단 한 사람이라도
내 이름을 불러준다면
작지만 예쁘다고 말해 준다면…

1월의 시작

세월의 달음박질 속에
인생 계급장
하나 더 달아주고

삼백육십오일 삶의
출발선에 막이 올랐네.

희망을 꿈꾸는 1월이
눈부신 비상을
꿈꾸며 푸른 문을 연다.

햇살도 떨리는 1월의 아침
희망이라는 것

오늘도 어제처럼
투명한 1월의 햇살은
눈부시리

벌거벗은 나목도 희망으로
꿈틀 꿈틀 콧노래를 부르고

양지바른 곳 풀뿌리
찬 바람 언 땅에서 깨어나
영차 영차 기지개를 켠다.

희망

새로운 일기장 펴 들고
새로운 한 해

더 나은 세상을 꿈꾼다.

새롭게 시작할 내일
내 안의 약속과 설계들

거창하지도 않은 소박한
돌멩이 하나
가슴에 품고

다만 무탈 속에
순탄한 나날이 이어지기를
가득하기를…

손짓하는 봄

찬바람이
스쳐 지나가는 자리로
그대가
손짓한다.

나를 부른다.
날 찾아오라며
속삭인다.

허나
당신이 온들
무슨 의미가 있을까만은

또
당신이 오지 않는다면
무슨 의미가 있을까.

그래도 기다린다.
당신을…

인연

높고 푸른 하늘 아래

봄볕 따라 천리향 향기 날리며
찾아온 그대

이제
마지막 향기 날리며

바람 따라 떠나려 하네
텅 빈 나의 밤이

멀어지는 그 얼굴에
가슴 속에 남는 것은
정이더라.

내 기다림은
단풍처럼 늙어가지만
서럽지 않다.

아, 또 다른 인연
사랑을 위하여
타다 남은 재처럼

타다 남은
재처럼…

11월의 노래

떠나야 할 그대
마지막 찬 바람만 떠맡기고
들떠 있던 마음마저
가져가네.

짧다면 짧고
길다면 긴 이별

그대 불타던 사랑은 어찌하리오.
꿈속에서라도 가끔
볼 수가 있으려나?

그대 떠난 자리
행여 하얀 눈이 덮여서
마음 흔들리더라도

꽃도 아니요.
사랑도 아닌
망상뿐이라는 것을
알아나 주오.

만남

만남이 있으니
헤어짐이 있고

헤어짐이 있으니
만남이 있다지만

만남의 기쁨은 짧기만 하고
헤어짐의 서운함은 너무나도 길구나.

오늘도 마음 설렌다.
너와의 짧은 만남을 기다리면서

오,
날 찾는 작은 새야
이번 만남 뒤에는
헤어짐의 긴 서운함을 남기지나 말아다오.

만남이란 그런 것이라는
덧없는 핑계도 대지 말고…

세상사

세상일
마음대로 안 된다고
실망하지 마라.

세상사
살다 보면 마음대로 되지 않는 것
어디 너 혼자뿐이랴.

살아가는 길은 여러 갈래야
그 길을 찾지 못했을 뿐.

마음이 정하는 곳으로 택하여라.

어떤 길이든
만나는 종점은 하나뿐이다.

바람은 한 나무만 흔들지 않아
구름도 한군데만 모여 있지 않아
흐르는 물도 한자리에만 머물지 않아

걱정하지 마!
어떻게 보면
세상은 공평한지도 몰라.

복권

매일 밤, 꿈을 짓는다.
어쩌면 대박일지도 모를
작은 기적 하나 안고.
나는 마음이 넉넉한 사람.
기대 속에 산다는 건
곧 희망이요,
숨 쉬는 꿈이지.
잡히지 않아도 좋아,
떠도는 구름이어도 괜찮아.
서민의 하루를 버티게 해주는
한 줄기 빛이니까.
이번 주에도,
행복을 껴안고 잠든다.
오늘 밤엔…
복돼지가 찾아올까 하면서.

여기서

하늘과 땅이
맞닿아 있지 않는 이곳
내가 호흡하는 곳 여기서

감사하는 마음으로
여기서
당신과 인연을
맺어봅니다.

그대와 나 인연의 끈이 있다면
할 수 있는 것과
할 수 없는 것
삶의 길목 여기서

사랑과 용서가 있는 곳 여기서
그대와 나 인연을
맺어봅니다.

행복한 미소

까르르 까르르 웃는 아이
천사처럼 맑구나!

네가 웃으니
꽃도 함께 미소 짓고

웃음으로 텅 빈 마음
너도 나도 따뜻해져

행복도 불행도 결국 나의 선택

웃으며 행복을 누려보자
기쁨을 마음껏 퍼뜨려 보자
당신도 나도

텃밭

옥상 한편 작은 공간
스티로폼 상자 몇 개
이름 붙이니, 텃밭이라.

오이, 가지, 상추, 고추
해마다 모종을 심고
기다리는 즐거움이 쏠쏠하다.

매일 아침 물도 주고
정성으로 돌봐주니
초록 잎 팔랑팔랑 잘도 자란다.

한 잎 따고, 한 줄기 꺾어
갖은양념 나물 무쳐
슥싹 슥싹 비벼 먹는 맛
행복도 같이 자란다.

박종태 시집

들 꽃

제2부

조약돌

다툼 / 하루 / 핸드폰 / 남자들의 수다 / 무인도 / 해무 / 가을 소풍
태풍 / 조약돌 / 벚꽃 지는 날 / 초가을 / 세월에 묻고 / 떠나는 임 / 벚꽃
마음의 문 / 널 기다린다

다툼

왜 전화 안 받아
내가 한 말이
그렇게도 화났어?

무심코 그냥 해본 말인데
미안해, 화풀어!
너의 목소리를 듣고 싶어

너 나 잘 알잖아.
온종일 일이 손에 잡히질 않아
온통 네 생각에
하루해가 다 기운다.

괜찮아,
한마디 문자만 해줘
내일 웃는 얼굴로 마주 봐.

하루

밤하늘에 날든 별
아침노을에 숨어버리고
태양이 접수한 찬란한 아침햇살
산등성에 걸터앉았네.

산새들 아침 이슬에 세수하며
하루 일정에 바쁜 날갯짓

마나님 아침 준비에
바쁜 손놀림
주방은 맛있는 냄새로
가득 차고
나의 목구멍을 자극한다.

매일 반복되는 하루
어떤 일로 채워질지
알 수 없는 일정

해 질 녘 저녁노을 질 때쯤
나의 하루는
무엇으로 채워져 있을까?

핸드폰

오늘도 핸드폰이 울린다.
누굴까,
화면에 뜨는 번호에
잠시 머뭇거린다.

기다리던 사람인가,
아니, 받기 싫은 전화인가.
벨은 다시 울리고,
설렘 속에 손을 뻗지만
기다린 전화는 오지 않는다.

밤새 울었으리,
더 이상 울리지 않는 벨 소리,
짐작은 가지만
기다리다 지친 마음은
저장된 번호로 손이 간다.

그러나 연결되지 않는 목소리,
폰 속에 남겨진
짧은 멘트 하나만이
마음을 붙잡는다.

나는 잊혀지는 걸까,
사라진 번호들처럼.
지워지고 잊혀져 간
폰 속의 벨 소리.

사연 많은 우리들의 이야기,
폰의 벨은
정해진 시간 없이
울려 퍼진다.

남자들의 수다

왁자지껄 커피 향 가득한 찻집
한쪽에서 터지는 웃음보,
수다는 여자들만의 전유물인 줄 알았는데
어제부터
내 웃음이 더 요란하다.
나이 탓인가,
말문이 터지고, 마음도 풀린다.
한 친구는 코미디언 뺨치고
또 한 친구는 샌님처럼 웃기만 한다.
나는 그 사이
센스 있게 던지고 받으며
박자 맞추는 꽤 괜찮은 조연이 된다.
이야기는
옥자도 나오고 순자도 나오고
철 지난 장난 같은 농담에도
귀가 쫑긋,
우린 이야기의 숲을 걷는다
찻집 구석,
남자 셋의 수다는 끝이 없고

사장님 눈치에
한 잔 더 시키며 자릿값을 낸다.
툭툭, 먼지를 털 듯
일어나며 웃고, 또 아쉬워하며
"내일 보자"
한 마디에 다시 하루가 기다려진다.
이 나이에도,
참 괜찮은 친구들
우린 환상의 짝꿍들이다.

무인도

뱃길이 없으면 갈 수 없는 곳
천적이 없는 곳에
새들의 놀이터
이름 모를 꽃들이
정답게 모여 있는 곳

바람이 찾아주고
물결은 리듬을 타고
파도는 갯바위에 부딪히며
춤을 춘다.

그곳에 가고 싶다.

실오라기 하나 걸치지 않아도
훼방 받지 않은 곳.
나 혼자만의 자유
때 묻지 않은 그곳
이름 모를 야생화
입맞춤하고
나만의 첫사랑 남기고 싶다.

해무

도시의 해변가
우뚝 솟은 빌딩 숲
해무가 휘감아 돌고
한 치 앞도 알 수 없다.
망망대해 바다 위

이따금 들려오는 뱃고동 소리

빨간 옷 입은
등대 눈만 끔벅끔벅
묵묵히 제자리를 지킨다.
그것만이 바다의 길잡이

너와 나
이 안개 속에서
어디로 가야 하나
이 안개
속에서…

가을 소풍

하늘은 높아만 가고
마음은 어느새 깊어진다.

나뭇가지 사이로
바스락 바스락
거친 숨 내쉬는 낙엽들
아침 이슬에 목을 축인다.

가을 달빛 머무는 숲길
조용히 헤집고 지나가면
툭툭, 발끝을 놀라게 하는
알밤 떨어지는 소리.

아, 여름이 떠나갔구나!

이 가을,
소풍 한번 떠나보자.
바람 따라
알밤 따라.

태풍

먹구름이 밀려온다.
강한 바람은 하늘을 날고
하늘이 구멍 난 것처럼 퍼붓는 폭우
잡동사니 쓰레기들
도깨비불처럼 날뛴다.

산더미처럼 큰 파도
방파제 벽을 수없이 넘나들고
비바람은 나무를 뿌리째 흔든다.
무서움에 떠는 아기 나무
엄마 품에 기댄다.

한바탕
난리 치고 떠난 놈
지나간 자리마다
바다는 언제 그랬느냐는 듯
모른 척 말이 없네.

우리네 인생처럼…

조약돌

바닷가 모래밭
조개껍질과 조약돌

게와 작은 물고기에게
친구 되어 놀아주고
어린 아기들에겐 소꿉동무라네.

쏴~~ 파도가 밀려오면
조약돌 달음질을 한다.

나도야!
조약돌처럼 조약돌처럼
모나지 않은 삶을 살아야지!

벚꽃 지는 날

팝콘처럼 터진
꽃 입술에
바람이 분다.

하얀 꽃잎 눈처럼 날린다.

어린아이
눈꽃 잡으려 내민
고사리 같은 손
빈손이다.

덩달아 멍멍이 종다리
이리 뛰고 저리 뛰고

눈처럼 꽃잎이 쌓여 가네.

내가 걷는 길
아직도 꽃길이다.
봄 길이다.

초가을

무덥던 여름
밀쳐내고
가을이 입성한다.

낯익은 벌레 소리
귓전에 머물고

귀뚜라미 가을길 앞장서고

들판 허수아비 허기진 배
채울 날만

가을은 아름다운 계절

아기 걸음으로
한 걸음 한 걸음
날 향해 다가오고

마음은 너를 향해 마중 가고 있다.
행복한 마음으로

무슨 말을 해줄까

더위에 지친 마음
당신을 기다렸다고 말할까?

내 마음 채워 줄
가을 하늘
높아만 간다.

세월에 묻고

무정한 세월아
꽃잎을 떨구지 마라
임과 함께 한 자리마다
남긴 흔적
마음이 저리다.

잊혀져 가는 추억 속에
새겨진 사연들
담아두고

그리운 사람
미운 사람
사랑도 청춘도 마음 접어
세월에 묻은 지
오랜 세월

세월아, 이리 오시게
가는 길
잠시 멈추고
나와 술 한잔 기울이세.

멈춰달라
애원해도 모른 체
앞만 보고 달리는
세월.

흐르는 세월 앞에
난 그저 소소한 사연이나 남기며
끌려가는 수밖에…

떠나는 임

아카시아 꽃잎이
파란 하늘에
하얀 향기를 뿌린 날

소리 없이 찾아온 임

슬픈 나의 얼굴이
그대 두 눈가에
영상처럼 흐른 날도
임은 촉촉한 눈망울로
내게로 오셨지요.

그런데 벌써 떠나신다니오?
바람에 스쳐 지나가 버리는 안개처럼
이제 진정 다 한 인연인가요?

머물 수 없는 인연이라면
돌아서야지

멀어지는 그대 얼굴에
마음속에 남는 것은
아픈 정, 아픈 정
뿐이라오!

벚꽃

활짝 핀 웃는 너의 모습
눈이 마주칠 때 사랑이 터진다.

살랑살랑
불어오는 바람결에
얼굴 부비며

그대 사랑에 난
마음 설레고

땅에다 입술 찍곤
하얀 마침표

눈길 주고 사랑 주던
그대의 황홀함은
이별을 시작하네.

사랑한다는 말도
미처 해보지 못했는데…

설렘은 잠시
기다림은 오래지만
또 다른 시작이 있으리니
마음 아파할 것도 없겠지,

마음의 문

또 하루가 밝아 온다.
조용히 마음의 문을 열며
오늘도 다짐을 해 본다.

흉기처럼 날 서는 말은
내 입에서 흘러나오지 않기를
묵묵히 제 자리를 지키는 나무처럼
마음 깊은 곳의 뿌리가
흔들리지 않기를

스스로에게 묻는다
지나온 시간 속
몸 따로 마음 따로 살아온 날들은
정말 아름다웠는가?

내 마음 한편, 조용한 공터를 두고
그곳에 잠시 머물 수는 없을까.
쉴 수는 없을까.

세월아, 시간아
나에게 잠시라도
그 소중한 공터를 다오. 쉼터를 다오.
허물지 말아다오.

널 기다린다

가을이기를 거부하는
여름 햇살 위로 가을이 다가간다.

가마솥같이 달구어진 열대야에 가둬버린 시간

바람 한 점 없는 하늬바람 사이로
가늘게 흔들리는 코스모스 넘어
묵은 너의 그리움이 나를 흔든다.

여름에 그을린 상처 너머로
가을 바람 언제쯤 씻어주려나.

박종태 시집

들 꽃

제3부

미련

빈손으로 가는 인생 / 난 가을이 좋다 / 세월에 빼앗긴 젊음
내 인생의 드라마 현재 진행형 / 산마루 지는 해야 / 산속의 숲길 / 기다림
능소화 연가 / 마음 현실에 묻다 / 미련 / 마음의 뜨락 / 보석과 조각배
미소를 드립니다 / 삶의 무게와 향기 / 색 바랜 낡은 벤치 / 하늘과 땅 / 행복한 즐거움

빈손으로 가는 인생

너도 빈손 나도 빈손
누구나 빈손
태어나 떠날 때도 빈손인 것을

육신의 천 옷을 걸치고
첫걸음부터
세상의 모든 것
내 것인 양 잠시 빌려 쓰는 것

시작부터 그날까지
잘났다고 뽐낼 일도
가진 것 많다고 자랑할 일도 아닌 것을!

여보게 친구!
배운 것 없다고, 재주 없다고
슬프거나 부끄러워 마시게나.
내일을 알 수 없는 미로 같은 삶 아닌가.

있으면 있는 대로
없으면 없는 대로
어차피 인생은 빈껍데기
무엇을 탐할 것인가!

난 가을이 좋다

난 가을이 좋다.

하늘은 푸른 바다처럼 맑고
푸른 바다는 하늘처럼 깊다.
내 마음도 맑음 속에 물들어 간다.

자연이 붓을 들었다.
만물을 모델 삼아
낙엽이 떨어질 때까지
수채화로 가을을 그려간다.

귀뚜라미 소나타가 울려 퍼지는 밤
그 선율 속에 영혼이 채워지는 계절
가을이 좋다.

시인이 노래하는 계절
감성을 자극하는 계절
사랑하기 좋은 계절
오곡들이 부르는 노래에
마음이 머문다.

난 가을이 좋다.

세월에 빼앗긴 젊음

추적추적
가을비가 내린다.

가버린 세월
추억의 조각들
주마등처럼 가버린 세월

첫사랑의 추억도
가슴 여민 사랑의 연민도
그네 타듯 출렁거려 온 삶

물레방아처럼
흘러가는 세월
그리움과 아쉬움으로 점철된 세월

얻은 것은 무엇이며
잃은 것은 무엇이냐?

세월의 무게로
떠밀려간 청춘은 흔적도 없고
거울에 비친 낯선 사람처럼

내 마음에 추적추적
가을비가 내린다.

내 인생의 드라마 현재 진행형

아직도 끝나지 않은
내 인생 드라마
굽이굽이 인생길
앞만 보고 달려온 레일이여!

온갖 풍파 겪으며
지나온 시간
세월 가는 줄 모르고
이제야 뒤돌아보는 세상

눈으로는 내일을 보고
발로는 오늘을 딛고
한 걸음 한 걸음 걸어온 인생길

어느새 후반전
시련은 있었으나 절망은 없었다.

주마등처럼 스치는 지난날
과거는 묻혀 가고
기억 저편 머릿속의 필름은
한 편의 드라마

힘들었던 터널 속에서도
감사하게도 절망은 없었다.
희망과 뿌듯함과 만족이 있었다.

이제 남은 나의 인생 드라마
어떻게 채워갈지 궁금해진다.

오늘도
내가 만들어 가는 드라마는
촬영 중

산마루 지는 해야

저녁노을 가슴에 안고
지는 해야

구름 뚫은 바람을 헤치고
지나간 시간들아
무슨 일 무엇을 보았느냐?

못다 한 사랑 못다 한 꿈
하룻길에 다 담지 못하고

지는 해 붉게 타는 노을 속에
태우려 하네.

노을빛 물들 때
하늘의 못다 채운 여백
지나간 자리로 서성이고
지나간 시간은 마음속에 서성인다.

해 질 녘 노을과 함께
서산마루에 지는 해야
너도 모두를 다 담지
못하였구나.

산속의 숲길

팔월의 막바지
땡볕이 머리 위로 쏟아져 내린다.

쏟아지는 햇살을 피해
숲길을 나선다.

우거진 숲속 사이로
하늘길 열리고

황톳길 숨을 토하면
자연의 향기가 코끝을 자극하고

긴 호흡 마주치는 초록 잎새
내 눈은 푸른 호수가 되네.

세상 부러운 것 없고
신선이 따로 없네.

숲속의 노랫소리 친구가 되어
자연에 취해 평화로움에 취한다.

기다림

기다린다.
홀로 남겨진 카페에서 술 한잔 기울인다.
때로는 후회를 하면서도 지워지지 않은
경계선 하나 그어놓고

무엇을 위한 기다림인가.
기다림은 알 수 없는 희망이다.

사람은 사랑하는 연인을 기다리고
꽃은 봄을 기다리고
여름은 가을을 기다리고

기다림은 그리움.
그리움은 한잔 술에 채워진 눈물
인생은 기다림이다.

능소화 연가

임금님을 사랑한
소화 궁녀

선택받지 못한 그리움에 상사병
짧은 생 세상을 뜨고
담장 밑에 초라하게 묻히다.

임금님을 사모하는
얄궂은 운명의 소화 궁녀
능소화로 피어났네.

찢어진 생채기
갈래갈래 줄기 되어 담장 위로
아등바등 임 보러 기어오르네.

임 모습 보고 싶어 꽃잎 되어
바람 불면 주홍 눈물 보이며
임 계신 곳을 향하네.

임이시여 나의 임이시여
애달픈 마음

떨어져 타다 타다 재가 되면
먹구름에 닿아 소낙비 되어서라도
임 곁에 내리오리다.
임이시여!

마음 현실에 묻다

힘없이 떨어지는
낙엽을 보다
묵묵히 흐르는 세월을 생각한다.

사랑 불 내 가슴에 타고 있는데
세월은 모른 채 가고

귀로 듣고 눈으로 보는 세상은
실타래 엉키듯 엉켜 있네.

오색 찬란한 단풍들은 잠시 머물다
낙엽 되어 떠돌다
바람처럼 사라지고

꿈 같은 지난날의 그리운 추억도
단풍이 되고
머리 위 내린 서리와 고장 난 몸
나의 살아온 흔적들도 낙엽이 된다.

미련

보상받지 못할 지난 청춘
뜨거웠던 열정도
새벽별처럼 하나하나 떨어져
저녁노을 속에 물들어 가네

비워가는 술잔 속에
남은 청춘 드리우고

후회도 없고
용서도 없는 시간은

남은 세월 인생 여정을
뒤돌아보게 한다.

마음의 뜨락

세상이라는 뜨락에
꽃씨 하나 심어볼까.
이곳저곳 수많은 꽃

욕심, 시기, 질투 없는
순수한 아이처럼
맑은 마음 꽃씨 하나 심어볼까.

당신처럼
아름다운 꽃씨 하나.

보석과 조각배

어둠이 내리면
밤하늘을 밝히는 별빛이 내린다.

쏟아지는 별빛 따라
허공에 뜬 조각배
정처 없이 어디로 흘러 가나

밤길 숲속 길
들려오는 풀벌레 노랫소리
길벗 삼아 잰걸음을
산속 외딴집 불빛 꺼지면
칠흑같이 밤은 깊고

창공에는 더 많은 보석들
그 사이로 떠가는 조각배
세상을 잊게 한다.

미소를 드립니다.

구름 사이로 따뜻한 햇살이
창 넘어
웃음으로 방문할 때

당신의 그늘진 마음에
미소를 보냅니다.

웃음 잃고 얼어붙은 마음에
백양꽃 작은 미소 하나 보내드리니
봄눈 녹듯 녹아내리소서.

나의 작은 미소 한 다발이
당신의 마음을 어루만질 수 있다면
봄볕에 미소 짓는 꽃처럼
웃고 또 웃어 드리리다.

미소를 잃은 사람이여
나의 작은 미소 따라
함께 웃어 주옵소서.

삶의 무게와 향기

어스름하게 이른 새벽
살아 있는 새벽시장

왁자지껄
삶의 향기가 묻어난다.
삶의 무게가 느껴진다.

나도 가슴이 뛴다.
출렁이는 삶의 무게와 향기를 느낀다.

나도 이들처럼
나만의 삶의 무게와 향기를
가지고 살아야지.

색 바랜 낡은 벤치

한적한 오솔길
외진 길 모퉁이에
찾는 이 하나 없는 낡은 벤치 하나

외로운 길 무거운 그림자에
세월의 흔적이…

너 역시
세월을 비켜 가지 못하였구나.

가버린 시간
낡은 벤치에 남아 있는 많은 추억들
누구에겐 그리움으로 남아 있겠구나!

오늘은 내가
네가 가진 흔적의 주인공이 되어본다.

바스락거리는 낙엽을 밟으며
집으로 가는 길

또 시간이 흘러
겨울이 찾아와 이 길에 눈이 내리면
누군가가 또 하얀 발자국의
추억을 더해서 남기겠지!

하늘과 땅

하늘은 끝
미지의 공간
내 마음이 아무리 높이 날아도
그 끝에 닿을 수는 없다.

내가 딛고 선 이 땅
내 발이 아무리 내디뎌도
다 밟아볼 수는 없네.

할 수 있는 것과
할 수 없는 것
그 한계 사이에서
지금 내가 할 수 있는 것에
감사하며 살자.

심는 대로 열매 맺는
이 땅처럼
심지 않은 것을 바라지 않는
욕심 없는 마음으로

티 없이 맑은
푸른 하늘에
내 마음을 살며시 묻어두자.
하늘과 땅이
함께 숨 쉬는 그날까지.

행복한 즐거움

이른 아침, 마음부터 분주하다.
밤새 내리던 비는 그치고
동쪽 하늘엔 맑은 햇살이 퍼진다.

동해 바다를 향해
차를 달리는 하루살이 여행길
창문 너머 스며드는
바닷바람은
묵은 마음까지 씻어내려는 듯
상쾌하게 다가온다.

잠시 멈춘 이 시간
마음이 쉬면
몸도 따라 쉰다.

비워낸 생각 위에
가만히 내려앉는
작은 웃음과 따뜻한 기쁨

이 순간
행복한 즐거움으로
내 하루가 채워진다.

박종태 시집
들 꽃

제4부

별이 뜨면

2월의 편지 / 단풍 / 올봄에도 임을 찾아 / 별이 뜨면 / 노을 / 겨울밤 이야기
들꽃 / 나라가 아파요 / 봄소식 / 함께 2 / 삶의 길 / 여기서 / 한여름
팔월의 태양 / 나는 행복합니다 / 봄볕에 / 오월의 여왕, 붉은 장미

2월의 편지

겨울 왕국 터널을 지나
2월을 앞세워 봄을 꿈꾼다.

만물이 미소 지으며
깊은 잠에서 깨리라

설익은 햇살은 변덕쟁이
어디쯤 오고 있나?

양지바른 곳에 자리 잡은
이른 봄 꽃봉오리
날개를 펼치다 움츠리고
또 펼치기를 거듭한다.

오늘같이 따뜻한 햇살에는
귀 쫑긋 세우고
2월의 편지 오는 길목에서
하염없이 기다린다.

봄이 오는 소리
새싹이 움트는 소리
행여 저만치서 찾아온다면
언 가슴 열고 한 아름 안아 주리라.

네가 그렇고 내가 그렇듯이…

단풍

수줍은 아가씨
첫사랑 키스에 붉어진 볼처럼

불타는 정열
단풍이 곱게도 붉게 물들었네.

스며드는 가을 햇살에
비춰진 자태
꽃보다 더 곱기도 하다.

푸른 청춘 한 시절을 보내고
붉은 옷으로 갈아입고
온몸을 훨훨 불사르는구나.

떨치지 못해 붙잡은 마지막 미련

곱게 물든 단풍 눈 맞춤 속에
마음속으로 옮겨붙은 불
저녁노을과 함께
붉게 타는구나!

올봄에도 임을 찾아

꽃 입술에 입맞춤하고
그리움에 송골송골 맺힌 눈물

봄에 맺은 사랑
임 향한 사랑은 그리움 되어
눈물로 고인다.

두 뺨을 타고 내린 눈물
가슴 밑으로
흘려보낸 눈물

목말라하는 첫사랑에 방긋방긋
노래가 들리듯
애틋한 마음 흐르는
빗물에 사연 띄우고

잔잔히 내리는 봄비는
찬란한 그리움이다.

별이 뜨면

석양이 진 자리 어둠이 내리면
까만 스크린 아래로 보석처럼 별빛이
쏟아져 내린다.

어둠 속에서 더 빛나는 별들이 밤하늘을 지켜주고
순간 떨어지는 별똥별은 어린 시절의 꿈을
불러오고

별이 아름다운 밤
밤이 깊어질수록 유난히 반짝이는 별 하나

음악이 흐르고 별이 흐르면
부르고 싶은 이름 하나 있지
외로운 나를 지키는 별 하나 있지

밤을 지새우고 떠나지 않은 마지막 별 하나
저 별도 나의 별처럼
아직 채우지 못한 미련하나가 있나 보다.

노을

노을이 핏빛으로
물들었네.

서녘을 핏빛으로 물들이고
번져 간다.
생을 마감하는가 보다

누가 서녘 하늘에 불을 지폈나!
그래도 이승이 그리워
저승 가다 불을 지폈나 보다

너도 생을 마감하기가
싫은가 보다.

겨울밤 이야기

어둠이 찾아온 긴 겨울밤
밤이 깊어질 때쯤

메밀 무~욱~, 찹싸알~ 떡~
멀리서 들려오는 소리

바깥에는 하얀 눈이 밤길을 밝힌다.

삭풍에 눈발이 몰아치는 밤
문풍지 울어대면
냉기가 도는 방안
화롯가에 빙 둘러앉아
군고구마를 생각하는 밤

이불 밑에 발 넣고 도란도란 이야기꽃 속에
긴 밤을 메우고 잠을 청한다.

한기에 둘둘 몸에 감긴 이불
새우잠에서 깬 아침 풍경은 뒤엉킨 신발장 모양

나뭇가지에 내려앉은 눈
밤새 한 폭의 멋진 그림을 그려 놓았네.

하얀 눈 위에 찍힌 발 도장
간밤에 메밀묵 찹쌀떡 장사가 찍고 간
발 도장인가 보다.

비워둔 고향 집 찾은
처마 끝에 매달린 고드름
다가선 햇살에 수정처럼 빛나고
가슴속 파고드는 옛이야기
눈물 되어 떨어지네.

들꽃

웃는 날 보다
우는 날이 더 많았을지도
모르지

잡초 속에서 피어난
나는 들꽃

바람 불면 흔들리고
장대 같은 빗줄기 속에서도
꼿꼿하게 일어나 서 있는
나는 들꽃

무심코 짓 밟힌
발아래 짓눌려도
끈질긴 나의 생명력

볼품없는 꽃이라고
관심조차 없어도
향기 없는 꽃이라

눈길 하나 없어도
그것조차 나의 존재인걸
나의 몫인걸

밤하늘에 별들이 모여서
아름다움을 연출하듯
산과 들에 들꽃들이 옹기종기 모여서
아름다움을 연출하면 되었지.

나비가 찾아들어 외로워 말라고
나직이 속삭여 주면 되었지.
살며시 나 혼자 매일 매일 웃으면 되었지.
그만하면 되었지.
나는야 들꽃.

나라가 아파요

손끝으로 시려오는
냉기처럼
세상을 바라보는 내 마음이 아려온다.

흐르는 강물 위 뱃사공
힘겨운 삶에
노를 젓는다

세상 물정 모르는 강물은
더 넓은 곳으로 묵묵히 흐르는데

어두운 골목길에 희미한 가로등 불빛 사이
약주 한잔한 듯한 비틀거리는 그림자들
중얼중얼 불만들을 내뱉고
세상살이 힘들다고 한숨들을 내뱉고…

강물 위 오리는 한가로이 노닐고
창공을 나는 새들은 평화로운 날갯짓을 하는데
고요한 강줄기 따라
빛나던 물결 위로
오얏물에서 나온 미꾸라지 한 마리
온 강을 흐리네.

흐린 물에 비친 하늘, 제 빛을 잃었고
백의의 나라 숨결도 덩달아 멎어가네.

봄소식

겨울잠 깨우고
산허리 감싸안은
안개긴 산골짜기
봄 햇살 파고들고

'야호' 소리에 봄맞이하는 산은
메아리로 응답하네.

계곡 타고 흐르는 물소리는
봄을 노래하고

산자락 나뭇가지마다
햇살 머금은 생명의 결이 흐르고
그 끝마다 초록빛 새움이
고개를 드네.

햇살 내려앉은 들판엔
틈마다 숨결이 자라고
그 틈 속에서 새싹들이
조용히 봄을 부른다.

아지랑이 방문하면
연초록 들녘 눈 부신 햇살과 함께
봄 마중 나간다.

함께 2

외롭나요?
괜찮아요.
어둠 곁에 언제나
작은 등불 하나쯤은 있으니까요

사람의 마음은
가끔 낙엽처럼 흔들려요.
그럴 땐
내가 조용히 당신 옆에 앉을게요.

사는 게 벅차고
세상 끝 어디엔가에 기대고 싶을 때도
당신의 마음이 무너질 듯할 때도
괜찮아요.
시간은 아픔을 천천히 덮는 이불 같으니까요.

나도 그 길을 지나왔어요.
길바닥에 주저앉았던 날들
눈물에 젖은 밤들도 있었어요.

그러니
이제 일어나요
당신 손을 잡아줄게요.

우린 함께예요.
당신이 외롭지 않도록
내 마음
그대 곁에 놓아 둘께요.

삶의 길

내가 걷는 길
당신이 걷는 길

서로 다른 발소리로
같은 세상을 걷는다.

닮은 듯 다른 길
스친 인연 하나에 꽃길이 되고

허공에 뛰어내린
한줄기 빗물도 스스로 길을 만들고 흐르듯
우리의 발걸음도
저마다의 길을 만든다.

곧게 뻗은 길 위엔
망설임도 머뭇거림도 없이
햇살이 선을 긋는다

햇살을 끌고
내일을 향해 뻗어간다.
삶이라 부르는 여정의 길을…

여기서

하늘과 땅이 닿지 않는 경계
숨결이 깃드는 이곳

여기서,
감사의 숨결은 바람에 실려 흐르고
여기서,
당신과 나는 보이지 않는 실로 얽혀 있다.

할 수 있는 것과 할 수 없는 것
삶의 길목을 지나며
우리는 서로의 흔적을 남긴다.

여기서,
그대와 나,
보이지 않는 인연으로 묶여
바람이 속삭이는 여기 이곳에서 함께 머문다.

한여름

태양은 불꽃을 뿜고,
온 대지는 거대한 불가마가 된다.
호숫가에 발을 담근 수양버들,
물결에 몸을 맡긴 채
세상의 뜨거움을 잊으려 한다.
저 매미,
지칠 줄 모르는 울음소리로
태양을 향해 끝없이 울어대고,
그늘에 앉은 할배는
땀을 훔치며
세월의 숨소리를 중얼거린다.

팔월의 태양

태양을 머리에 이고
목이 타는 촌길을 걷는다.

들판 너머, 볏논을 지키는 허수아비는
묵묵히 계절의 경계를 서성이고,
보초를 선다.

잘 익은 자두는
햇볕 아래 붉은 미소를 띠고
자줏빛 포도송이는
팔월의 품 안에서 서서히 검게 물들어 간다.

바다는
푸른 유혹으로 마음을 이끄는
손짓을 한다.

산을 타고 흐르는 계곡의 바람은
조용히 속삭이며
발길을 부른다.

팔월의 태양이여!

나는 행복합니다*

밤을 지나 아침을 맞았으니
나는 행복합니다.

맑은 공기, 깊은 숨을 쉬는
나는 행복합니다.

다정한 친구들과 마주하여
차 한 잔의 은은한 향기와
따스한 온기를 느끼는
나는 행복합니다.

산새 지저귀는 숲길을 따라
불어오는 바람 한 자락에
자유를 품으며
나는 행복합니다.

매일 아침 운동을 하며
웃음 가득한 얼굴들을 만나는
나는 행복합니다.

주름 진 아내의 잔잔한 미소가 있고
손자 손녀들의 옹알이를 듣는
나는 행복합니다.

*김수환 추기경의 '나는 행복합니다'를 패러디함.

봄볕에

꿈이 피어나는 봄날
냇가의 버들강아지
실눈을 뜨며 하품한다.

쏟아지는 햇살 아래
흐르는 강물, 은빛 물결
눈이 부시도록 반짝인다.

아스팔트 위로 피어오르는
아지랑이 아롱아롱
봄빛마저 눈이 부시다.

찬란한 햇살은
봄의 노래를 부르고
고운 꽃들은
길손을 유혹하듯 손짓한다.

편백 숲 사이로
봄볕이 조용히 스며드는
오솔길을 걷노라면

내 마음에도
행복이 한 아름
고요히 담겨진다.

오월의 여왕, 붉은 장미

오월의 붉은 장미가
담장을 타고
조용히 세상을 넘는다.

오가는 이들의 발걸음을 멈추게 하는
당신은
오월의 여왕

뜨거운 사랑을 품고도
가시로 몸을 감싼 채
섣불리 다가오지 말라는 당신

가시에 찔려보지 않고는
당신을 가질 수 없다고
꿈도 꾸지 말라던 당신

그리움은 피어올라
가슴을 찌른다.

아름다움과 아픔을 함께 안은 당신
아름다우면서도 아픔을 남긴 당신

오월의 여왕 당신을 보면,
아픔을 준 당신이, 잊을 수 없는 당신이
오월로, 붉은 장미, 장미로 다가오네요.

박종태 시집

들 꽃

제5부

홍매화

홍매화 / 봄의 기운 / 새처럼 / 바람 / 폰 속의 이야기 / 수레바퀴 같은 인생
낚싯배와 할아버지 / 봄의 속삭임 / 봄비 내리는 날의 풍경 / 새해에의 소망
추억 속에 달빛 그림자 / 가을빛에 물들다 / 나목 / 세월이 약이라오
맑은 마음 / 인생은 더하기와 뺄셈

홍매화

겨울의 끝자락,
봄을 먼저 알리는 여신
그대의 이름은 홍매화.

첫사랑처럼
깨끗한 속살 드러내며
아직도 찬 봄바람 속에서 환히 웃으며
잔설 속 봄소식을 전한다.

그대의 얼굴
첫사랑의 애틋한 마음
요염한 여인의 입술

그대 나
설레도록 유혹하지만,
다가갈 수 없는 그대를
폰에나마 담아
마음으로나마 간직하리다.

봄의 기운

봄을 시샘하는 추위,
입춘이 지나도
온몸을 휘감고 머뭇거린다.

밤낮으로 내린 눈,
꿈틀거리는 땅 위로
하얀 솜털 이불을 덮어
잠시 숨 고르는 계절.

겨우내 언 땅,
그러나 그 안에서도
봄은 조용히 잉태되고 있겠구나.

기다리지 않아도 오고,
기다려도 오는 봄.

사방 천지에 생기가 돌고,
우리들 몸에도 새 힘이 차오른다.

봄이라는 이름만 들어도
마음은 이미 따뜻한 빛 속을 거닌다.

새처럼

나뭇가지 위 새들이
재잘재잘 노래한다.
한 마리 새가 날아오르자
후루룩, 무리 지어 날아간다.

저 새들도 고민이 있을까?

나는 가끔
삶이 힘들 때이면 부러워하곤 한다.
나도 저 새들처럼
훨훨 날아오를 수가 있다면 하고

산에 가면 산새가
바다에 가면 바닷새가 되고 싶었다.

어느 날 나는 꿈속에서
새가 되어 날았다.
하늘을 가로지르고,
바위를 지나며 자유를 품었다.

그 끝없는
하늘과 땅을 마주하고서야
나는 깨달았다.

새들에게도
한계가 있다는 것을…

바람

호수 위 달그림자
잔잔히 일렁이며
밤의 속삭임을 새긴다.

흔들림 없이 맞서는 비바람,
수천 년을 견디며
침묵으로 바위를 빚어낸다.

들녘을 스치는 바람,
들판에 누운 풀잎을 깨우며
잠들었던 속삭임을 불러내고,

흘러가는 구름
정처 없이 떠돌며
끝없는 길을 헤맨다.

옷자락을 날리며 떠난 임,
처음으로 돌아서
조용히 울었다.

바람 소리 사이로,
울음소리 따라
그리움은 멀리 번져 간다.

폰 속의 이야기

우리들의 폰 속엔
얼마나 많은 사연이
전파를 타고 흘러갔을까.

울고, 웃고, 깔깔거리며
수많은 이들의 이야기들이
작은 화면 속에서 숨 쉬고 있다.

폰 속에서 맺어진 인연,
기억 속에 떠올리기도 하고,
때로는 멍하니
할 일 없이 화면을 들여다보기도 한다.

많은 시간을 폰과 함께하며
하루의 안부를 묻고,
어느새 익숙함이 되어버린 시간 속에서
우리들은 하나의 공동체가 된다.

덧없는 세월,
묵묵히 흐르는 시간은
돌고 도는 계절과 함께 흐르고,
밤낮 없이 오가는
사연들은 끝없이 이어진다.

만날 수 없는 폰 속의 인연이지만,
오늘도 우리는
이 작은 공간 안에서
함께하고 있다.

수레바퀴 같은 인생

인생은 수레바퀴
멈추지 않고 돌고 돈다.

세상도 돌고 인생도 돌고
너도 돌고 나도 돌고,
운명 속에서 굴러가는 삶이여.

숙명으로 태어나,
운명의 길을 따라 살아가는 인생이여.

어떤 이는 술술 흐르고,
어떤 이는 거스르다 꺾이고
끝없는 바람 속을 걷는다.

양지가 음지가 되고,
음지가 양지가 되며
흔들리고 비틀거리며
삶을 살아가는 것도 인생이더라.

물레방아 같은 세상
물처럼 바람처럼 돌고 돌면서
살아가세.

낚싯배와 할아버지

이른 새벽,
전화벨이 잠을 깨운다.
절친한 지인의 한마디
"낚시 가자."

낚시 가방을 챙겨
단골 할아버지의 배에 오른다.
통영의 무인도,
파도는 춤추고,
갈매기는 울음소리로 길을 연다.

도심을 뒤로 하고
바닷바람을 마주하면,
가슴은 어느새 뻥 뚫리고
마음은 이미 월척을 낚는다.

손끝을 타고 오는 짜릿한 손맛,
시간은 어느새 멈춘 듯,
이것을 힐링이라 하였던가!

이제는
낚시 가자는 사람이 없다.

세월을 등지고
먼 별이 된 친구.
뱃사공 할아버지는
아직도 살아계실까?

가끔은 그리운 세월.

봄의 속삭임

멀리서 봄이 온다.
옷을 벗고 선 나무에게
살며시 말을 걸어온다.

추위에 얼마나 힘들었느냐고,
긴 겨울을 견디느라
고생이 많았겠다고.

봄이 조용히 속삭인다.
곧 갈 테니,
조금만 기다리라고.
봄이 나에게도 말을 건넨다.

그 말에 나는
행복한 꿈을 꾼다.

외줄 타듯 아슬아슬한 세상
시끌벅적한 하루
머리가 무겁다.

'다 던져 버리고,
곧 꽃구경이나 가자.
나들이 가서,
따뜻한 햇살을 맞아보자.'

봄이 나에게 건네는 말에
나는
행복한 꿈을 꾼다.

봄비 내리는 날의 풍경

오랜 가뭄 끝에
마침내 봄비가 내린다.

매일 걷던 산책로
오늘은 빗소리에 젖고
우산 하나 받쳐 들고
조용히 길을 따라 걷는다.

아직 잠에서 덜 깬 봄
봄비의 속삭임에
천천히 눈을 뜨기 시작한다.

찬찬히 스며드는 빗줄기
땅속 새싹의 뿌리를 깨우고
죽은 듯 서 있던 나뭇가지에
생명의 기운을 불어넣는다.

온천천에 매일 마주치는 오리,
우스꽝스러운 물구나무 서커스,
긴 다리 왜가리는
하염없이 낚시질을 이어간다.

봄바람에 깨어난 까마귀는
짝을 찾아
까악 까악 허공을 가르며 울고…

비가 그친 뒤
농부의 손길이 바빠지겠지.

들판의 보리 새싹은
한 뼘 더 자라겠지.

새해에의 소망

세찬 바람이 나무를 흔들고,
아우성치는 소리가 대지를 흔든다.

그 속에서 신음하며
몸부림을 치는 사람들이 있다.

지난해의 무거웠던 한 페이지를 넘기면서,
새로운 한 해를 맞이한다.
새 꿈 새 희망으로 가득 차오른다.

얼음장 아래에서도
물고기가 숨 쉬고,
흙 속에 떨어진 씨앗은
봄을 꿈꾸며 조용히 깨어나듯

새로이 맞이하는 새해
모두가 꿈꾸는 세상
저 하늘을 비상하는 새들처럼
높이 날아올라라.

아픔과 고통 없는 한 해를
모두가 행복한 한 해를
새로운 꿈과 희망으로 기원한다.

추억 속에 달빛 그림자

달빛이 내린다.
어둠이 젖어 드는 밤,
지난날의 향수를 찾아
숲속을 헤매는 달빛.

바람결에 춤추는 초목 그림자,
저 산 너머 부엉이는
짝을 찾는 울음소리로
산골짜기를 적신다.

잔잔한 호숫가에 달이 잠기면
은빛 물결이 찢어지고
그 속에 임의 모습도 일렁인다.

세월의 강을 넘으며
어릴 적 달빛 아래
그림자밟기 놀이를 하던 시절,
저 달도 기억하고 있을까.

푸른 잔디 언덕 위
속삭이던 밀어들,
그림자 속에 숨겨진
하얀 그리움은
추억 속에 머문다.

옛 시절 그 자리,
그 달빛에 실린 연정은
가버린 청춘과 함께
차츰 세월 속에 묻혀 간다.

오늘도 묵묵히 흐르는
달그림자조차
추억이 되어 스며든다.

가을빛에 물들다

아, 가을이여.
노을 진 끝자락에서
밤은 깊어가고 낙엽은 속삭인다.

서늘한 바람 따라
귀뚜라미는 별빛을 벗 삼아
가을밤의 노래를 부르고,

오솔길에 선 코스모스는
가는 허리 흔들며
하늘과 춤을 추네.

국화 향기는 벌과 나비를 유혹하고,
낭만을 품은 가을 길이
나에게 말을 건넨다.

높고 푸른 하늘 위
구름은 붓을 들고
가을의 풍경을 정성껏 그려내고,

햇살 속에 마음은 동화되어
지나간 청춘을 향해
불씨 하나 떨군다.

주름진 얼굴에도
여전히 낭만이 머물러 있기를,
가을이여
그 향기 속에 나를 머물게 하라.

나목

벌거벗은 나목이
알몸으로 겨울을 맞이한다.
해가 갈수록 몸은 갈라지고,
깊이 파인 흔적이 세월을 새긴다.

얼어붙은 땅 위,
눈보라가 살을 에는 칼바람 속에서도
몸 하나로 의젓이 서 있는 나목,
비워내고 내려놓으며
묵묵히 수행을 이어간다.

나목은 침묵 속에서 말한다.
비우고 나면,
텅 빈 몸이 오히려 떳떳해질 수 있다고.

겨울이 가기 전,
묵은 때와 욕심을 훌훌 털어내고
나도 비워가리라.

세상의 부귀영화란
한순간에 떨어지는 잎새 같은 것.

꿋꿋이 서 있는 무언의 수행자,
말 못 하는 나목이
무지한 인간을 조용히 깨우친다.

그 속에 서 있는 겨울 나그네,
나목과 함께
고요한 바람 속에 스며든다.

세월이 약이라오

슬픔도 약
아픔도 약
세월이 약이라지만

가물거리는 기억은
세월 속에 조용히 묻고
빛바랜 사진첩 하나

손끝에 스미는
오랜 이름들, 잊힌 얼굴들
불러들이는 기억 속에
문득, 쓴웃음이 지어집니다.

어려웠던 시절
힘들었던 시간들
지금도 여전한
근심과 걱정들

너무 깊이 마음 쓰지 말아요.
세월이란 이름의 바다
그 넉넉한 품 안에서
언젠가는,
다 스러지듯 잊혀지고
흔적마저 옅어지리니

그래요,
세월이 약이라오.

맑은 마음

하늘은 맑다.
너의 마음처럼,
나의 마음도
오늘은 맑다.

하얗게 떠 있는 뭉게구름처럼
가볍고도 평온한 숨결
너의 마음

티 없는 햇살처럼
투명하게 비쳐오는 마음 하나
나의 마음

호수 위에 반짝이는
맑은 하늘 위
너의 마음
나의 마음

오늘은 맑다.
한없이 맑다.

인생은 더하기와 뺄셈

꽃은 계절을 꿈꾸듯
인생은 끝없는 꿈을 찾아
숨 가쁘게 달린다.

잡으려 해도 잡히지 않는 세월,
허공에 뜬 구름처럼
사라져 가는 비눗방울처럼
손끝에서 자꾸만 달아난다.

바람이 흔들고
나뭇잎 흔들리고
덧없는 순간들이 흩어진다.

그 속에서도
인생은 더하기와 빼기,

더해서 채우고 빼서 비우며
흐르는 시간 속에서
자신만의 길을 써 내려간다.

들꽃 박종태 시집

발행일	2025년 6월 15일
저 자	박종태
발행인	하상규
발행처	새문화출판사

주 소	47797 부산광역시 동래구 호현길7-4
	T. 051-522-1607 / F. 051-522-1607
	M. 010-5091-1607
	E-mail. ha2677@hanmail.net
등 록	2009년 12월 3일 제2009-000008호
인쇄처	제이엠프린트 M. 010-3560-9473

ISBN 979-11-974146-9-5
정가 : 12,000원

무단전재 및 복제행위는 저작권법에 의거, 처벌의 대상이 됩니다.